AF320885

LE CODE CIVIL

ET

LES DROITS DES ÉPOUX

EN MATIÈRE DE SUCCESSION

Par M. Jules Liégeois

Professeur à la Faculté de droit de Nancy

Extrait de la REVUE GÉNÉRALE D'ADMINISTRATION

(Numéro de juin 1878)

PARIS

BERGER-LEVRAULT ET Cⁱᵉ, LIBRAIRES-ÉDITEURS

5, RUE DES BEAUX-ARTS, 5

MÊME MAISON A NANCY

1878

LE CODE CIVIL

ET

LES DROITS DES ÉPOUX EN MATIÈRE DE SUCCESSION

L'honorable M. Delsol a présenté à l'Assemblée nationale, dans la séance du 21 mai 1872[1], une proposition de loi relative aux droits du conjoint survivant sur la succession de l'époux prédécédé.

Nous nous proposons d'étudier, dans les pages qui suivent, l'influence qu'exercerait sur la prospérité publique la création d'un nombre indéfini de droits d'usufruit, établis, non par la libre volonté des personnes, mais par une disposition générale de la loi civile sur les successions *ab intestat*; mais, avant d'exposer notre opinion, nous présenterons un court historique de la question soulevée par M. Delsol.

I.

M. Delsol indique de la manière suivante le but qu'il poursuit :

« Aux termes de l'article 767 du Code civil, l'époux n'est appelé à recueillir la succession de son conjoint prédécédé que si celui-ci ne laisse ni parents au degré successible, ni enfants naturels.

« Or, comme l'article 755 déclare successible tout parent jusqu'au douzième degré, il est extrêmement rare que la succession ne soit pas appréhendée par un héritier légitime ou par un enfant naturel. Aussi peut-on dire que le droit de succéder accordé à l'époux survivant est purement illusoire.

« La conséquence de ces dispositions est, dans certains cas, profon-

---

1. *Journ. off.*, 7 juin 1872, p. 3821.

dément regrettable. Ainsi supposez que l'époux prédécédé ait seul de la fortune, et que, surpris par la mort, il n'ait pas eu le temps d'assurer, par acte entre vifs ou testamentaire, le sort de son conjoint survivant, celui-ci n'aura rien à prétendre sur les biens du défunt, si considérables qu'ils puissent être, et si grand que soit son propre dénûment. »

On admet généralement que la dureté excessive avec laquelle la loi traite le conjoint survivant est le résultat d'une erreur, dans laquelle seraient tombés les rédacteurs du Code civil, et c'est pour réparer cette erreur législative que M. Delsol a formulé une proposition destinée à faire une part plus équitable à l'époux survivant, en présence des diverses classes d'héritiers que peut laisser le conjoint prédécédé.

Le rapport présenté au nom de la commission d'initiative de l'Assemblée nationale, conclut à la prise en considération de la proposition, laquelle fut votée, sans discussion, dans la séance du 21 mars 1873. En conséquence, l'Assemblée nomma, dans ses bureaux, une commission de quinze membres, chargée d'examiner la question au fond et de faire un rapport.

Cette commission, reprenant une des traditions les meilleures et les plus oubliées du régime parlementaire, jugea que, s'agissant d'une modification importante et délicate à apporter au régime de nos lois de succession, elle ne pouvait s'entourer de trop de lumières. Elle pria, en conséquence, le Gouvernement de demander, sur le fond même de la proposition de M. Delsol, l'avis de la Cour de cassation, des cours d'appel et des Facultés de droit.

Presque tous les corps ainsi consultés répondirent à cet appel, et leurs avis furent résumés dans deux rapports préliminaires présentés à la commission de l'Assemblée nationale. L'un de ces rapports, rédigé par M. Sebert, contient l'analyse des observations présentées par la Cour de cassation et par les cours d'appel. L'autre, rédigé par M. Humbert, résume et coordonne les avis exprimés par les Facultés de droit[1].

M. Humbert constate que neuf Facultés, savoir : celles d'Aix, de Dijon, de Douai, de Grenoble, de Nancy, de Paris, de Poitiers, de Rennes et de Toulouse, ont envoyé des mémoires manuscrits ou imprimés.

« Presque tous les mémoires qui nous sont parvenus, ajoute-t-il, s'accordent pour approuver, en principe, la proposition de M. Delsol,

---

1. *Journ. off.*, 16 mars 1876. — V. aussi : *Observations présentées au nom de la Faculté de droit de Nancy*, par M. Charles Chobert, agrégé, chargé d'un cours de Code civil à cette Faculté.

mais ils diffèrent, à beaucoup d'égards, en ce qui concerne les moyens les plus propres à améliorer la position de l'époux survivant au point de vue héréditaire..... »

Et plus loin : « Y a-t-il lieu d'accroître les droits de succession accordés au conjoint survivant? C'est la question fondamentale à laquelle la proposition de l'honorable M. Delsol a pour but essentiel de donner une solution affirmative. Les Facultés de droit ont été unanimes dans leur approbation de la pensée du projet. »

Quant au rapport présenté par M. Sebert, il constate que la Cour de cassation et vingt-six cours d'appel, sur vingt-sept, ont donné l'avis qui leur avait été demandé, et que la cour de Caen seule n'a pas fait connaître le sien. Puis il ajoute :

« Dix-sept cours d'appel, qui sont dans l'ordre alphabétique, celles de : Agen, Alger, Amiens, Angers, Bastia, Besançon, Chambéry, Dijon, Grenoble, Lyon, Nancy, Nîmes, Orléans, Pau, Riom, Rouen, Toulouse, ont plus ou moins adopté le principe de la proposition de M. Delsol.

« La Cour de cassation et huit cours d'appel qui, par ordre alphabétique, sont celles de : Aix, Bordeaux, Bourges, Limoges, Montpellier, Paris, Poitiers, Rennes, ont émis l'avis qu'il y avait lieu de repousser dans son entier la proposition de M. Delsol. »

La cour de Douai a formulé une opinion intermédiaire tendant à reconnaître seulement au profit du conjoint survivant un droit alimentaire sur la succession du conjoint prédécédé.

Enfin, quoique la Cour de cassation et la cour d'appel de Paris aient été contraires à la proposition, il s'est trouvé, dans le sein de chacune d'elles, une minorité qui a fait valoir avec beaucoup de force les motifs qui militent en sa faveur [1].

Les deux rapports de MM. Sebert et Humbert avaient été déposés sur le bureau de l'Assemblée les 29 et 30 décembre 1875. Les choses en étaient là, lorsque l'Assemblée nationale, en exécution des lois constitutionnelles des 24 et 25 février 1875, prononça sa dissolution, après la formation du Sénat, nommé, partie par l'Assemblée elle-même, partie par les électeurs sénatoriaux, dans les conditions déterminées par la loi du 2 août 1875. Il fut ensuite procédé à de nouvelles élec-

---

1. Pages 99 et suiv. du rapport de M. Sebert.

tions, au mois de février 1876, pour la formation de la Chambre des députés.

Le principe, constamment suivi par nos Assemblées délibérantes, en vertu duquel tous les projets ou propositions qui n'ont pas abouti à un vote définitif avant la fin d'une législature, n'ont plus aucune existence officielle, mettait fin aux travaux préparatoires dont la question des droits du conjoint survivant avait été l'objet.

Heureusement, si l'honorable M. Delsol n'était plus membre d'une Assemblée nationale qui avait cessé d'exister, il était devenu sénateur, et, en cette qualité, usant de son droit d'initiative, il soumit au Sénat sa proposition de 1872.

La commission nommée par le Sénat, pour examiner la proposition au fond, se montra favorable aux modifications projetées, et chargea M. Delsol lui-même de préparer le rapport.

Dans sa première proposition, M. Delsol avait conclu à la constitution d'un simple droit d'usufruit en faveur du conjoint survivant, toutes les fois que celui-ci se trouverait en concurrence avec des enfants ou descendants, ou des collatéraux jusqu'au sixième degré ; au delà du sixième degré, le conjoint devait devenir un véritable héritier et prendre part à la propriété.

Cette dernière partie du projet fut repoussée par toutes les cours d'appel moins une (Alger) et toutes les Facultés de droit moins une (Douai) ; tous ces corps refusèrent d'accorder, en aucun cas, un droit de propriété, et se prononcèrent pour la simple concession d'un droit d'usufruit.

M. Delsol crut devoir se ranger à cette opinion, et réduisit sa proposition à la constitution d'un droit d'usufruit dans tous les cas possibles.

La commission du Sénat partagea entièrement cette manière de voir, et, en conséquence, elle proposa d'accorder au conjoint survivant : 1° l'usufruit d'un quart de la succession, quand il y a des enfants communs ; 2° l'usufruit d'une part d'enfant légitime le moins prenant, sans pouvoir jamais dépasser le quart, quand il y a des enfants d'un premier lit ; 3° l'usufruit de la moitié de la succession, dans tous les autres cas.

Le projet de loi préparé par la commission fut soumis à une première délibération, le 1er mars 1877, et le Sénat décida sans discussion qu'il passerait à une seconde délibération, laquelle s'ouvrit le 6 du même mois. La discussion des articles fut très-nourrie et très-solide, MM. Delsol et Bourbeau soutenant le principe de la proposition, M. Bertauld, au contraire, combattant vivement la modification qu'on voulait introduire dans notre Code civil. L'honorable M. Bernard, sénateur, maire de Nancy, réussit, en dernier lieu, à faire adopter un amendement qui restreindrait singulièrement l'application des nouvelles dispositions proposées. Enfin, le projet ainsi amendé fut voté, dans son ensemble, le 9 mars 1877.

Transmis, après le vote du Sénat, à la Chambre des députés, le projet de loi fut renvoyé aux bureaux, qui nommèrent une commission chargée de l'examiner et de faire son rapport. Mais, avant que ce rapport eût pu être déposé, un décret du Président de la République prononçait la dissolution de la Chambre des députés. En conséquence, de nouvelles élections eurent lieu le 14 octobre 1877.

C'est devant la Chambre issue de ces élections que la question des droits de l'époux survivant se trouve de nouveau posée. C'est elle, en conséquence, qui devra adopter, modifier ou rejeter le projet de loi déjà voté par le Sénat. La commission nommée dans ses bureaux par la Chambre actuelle n'a pas encore présenté son rapport.

II.

Avant d'examiner ce qu'il y a à faire pour améliorer la situation du conjoint survivant, jetons un coup d'œil sur les législations étrangères.

A l'exception de la Belgique, qui n'a pas encore changé notre Code, et de quelques cantons de la Suisse, « dans tous les États civilisés d'Europe et d'Amérique, le législateur a assuré au conjoint survivant une situation honorable et digne ».

Dans quinze États, on applique encore le droit romain plus ou moins modifié, et on accorde à l'époux survivant soit « l'augment de dot », soit la « quarte du conjoint pauvre ». Parmi eux figurent la Grèce, l'Écosse, la Bavière, la Roumanie, les îles Ioniennes, la Louisiane, etc.

Dans dix-sept États, le législateur attribue au conjoint un droit d'usufruit dans tous les cas, même en présence d'enfants légitimes; de plus, lorsque les héritiers ne sont pas des enfants, l'époux a une part dans la propriété de la succession. Parmi eux, nous trouvons l'Italie, l'Espagne, la Prusse, l'Autriche, l'Angleterre, le Wurtemberg, la Norvége, etc.

Dans onze États, on donne au conjoint survivant, en présence de toute sorte d'héritiers, même d'enfants, non plus seulement un droit d'usufruit, mais un droit de propriété ; autrement dit, on lui confère le titre, la qualité et les droits d'un héritier légitime, même quand il vient en concurrence avec des enfants communs. Parmi eux se trouvent la Saxe, la Bavière, le Danemark, les États-Unis, moins la Louisiane.

Enfin, dans treize États, le droit d'usufruit ou de propriété est à titre de réserve, c'est-à-dire qu'il ne peut être enlevé au conjoint survivant par la volonté de l'époux prédécédé : Italie, Prusse, Wurtemberg, Saxe, Russie, Danemark, Berne, etc.

A côté de ces dispositions si sages, si humaines, si protectrices de la sainteté du mariage et de la dignité des familles, qu'a fait notre Code civil ? Il relègue le mari ou la femme au dernier rang, au delà des collatéraux parents du défunt au douzième degré ! L'État seul vient après lui !

On a peine à comprendre l'idée qui a pu inspirer le législateur de 1804, quand il a édicté une disposition qui, depuis bientôt quatre-vingts ans, fait violence, on peut le dire, au bon sens et à l'opinion publique.

Ainsi, voici deux époux qui, durant de longues années, ont vécu dans une parfaite union ; prenant au sérieux les devoirs qu'impose le mariage, ils ont élevé convenablement leurs enfants et les ont mis à même de se suffire. Ils ont bien travaillé, ils ont su borner leurs jouissances, résister aux tentations du luxe et de la vanité, et ils comptent que leur vieillesse se trouvera à l'abri du besoin. Mais, à raison même des charges auxquelles ils ont bravement fait face, la communauté n'est pas encore très-prospère. Tout d'un coup le mari meurt, sans avoir écrit ce testament qu'il a eu peut-être vingt fois le projet de faire ; c'est lui qui possédait en propre la presque totalité de la fortune du ménage, et avec lui sa veuve perdra la situation digne et honorée qu'elle a eue si longtemps. Au lieu de rester véritablement, à la place de son mari mort, le chef de la famille, elle devra solliciter de ses enfants une modeste pension alimentaire ! Trop heureuse, si le cœur de ceux-ci comprend tout ce qu'un pareil devoir a pour eux de saint et de sacré !

Un homme a su conquérir par son travail une position honorable ; magistrat, militaire, avocat, médecin, fonctionnaire, il n'a pour toute fortune que son travail ; sa femme lui a apporté une dot, dont les revenus, joints aux émoluments du mari, feront au ménage une situation suffisante. Mais le ciel a refusé à ces époux les joies de la famille :

ils n'ont point d'enfants. La femme meurt sans avoir fait aucun testament, sa fortune va à des collatéraux, qu'elle n'a jamais connus ou pour lesquels, en tout cas, elle n'avait aucune affection. Et le mari, devenu vieux peut-être, ne pouvant plus supporter les fatigues du barreau ou de la carrière médicale, ou n'ayant qu'une maigre pension de retraite, tombera dans une position voisine de la gêne et souvent de la misère.

Ou bien, au contraire, la femme n'aura apporté aucune dot à son mari, qui possède seul de la fortune. Pendant de longues années, elle aura contracté les habitudes d'une vie aisée et facile. Peut-être son époux a songé plus d'une fois à assurer son existence pour le temps de son veuvage. Mais une mort imprévue vient à le frapper avant qu'il ait pu remplir ce devoir. Que va devenir sa veuve?

« Quel est ce conjoint, a dit M. Bourbeau[1], que vous appelez la veuve et qui pleure, si elle n'est pas encore la personnification de cette union brisée, s'il ne reste rien du mariage, si tout a disparu en même temps que celui qu'elle aimait? Ce n'est pas là seulement une question de succession, une question d'hérédité, mais c'est la famille qu'il faut honorer dans son principe. » Mais, faites-vous observer, on peut faire un testament. « Est-il toujours possible, demande de son côté M. Bourbeau, d'en faire un? Supposez une femme associée à l'existence d'un malheureux qui a perdu jusqu'au souvenir de ses affections et qui n'est pas, suivant l'expression de la loi, sain d'esprit. Quel testament fera-t-il? Voilà des soins assidus qui lui ont été donnés pendant cette vie matérielle, qui s'est continuée chez lui après la cessation de la vie intellectuelle ; celle qui les lui a prodigués n'a même pas pu lire dans les regards de ce malheureux la reconnaissance, qui est aussi une récompense, et la loi ne ferait pas un testament pour lui? et celle qui a donné ses soins, consumé sa jeunesse, se verrait, veuve, exilée du domicile conjugal? Elle aurait pour tout souvenir ces habits de deuil que l'article 1481 du Code civil lui concède, et le droit de rester dans l'habitation commune pendant trois mois, après lesquels elle sera obligée d'aller chercher un logis ailleurs ! »

Non, il n'est pas possible de laisser subsister une pareille injustice, qui fait tache dans notre Code civil, et qui nous laisse fort en arrière de la législation de presque tous les peuples civilisés !

---

1. M. Bourbeau, Discussion au Sénat. (*Journ. off*. du 7 mars 1877, p. 1745.)

D'ailleurs, il semble que le législateur français ait eu plus d'une fois comme une sorte de remords d'avoir aussi durement traité la veuve, et on a fait observer avec beaucoup de raison que, depuis la publication du Code civil, il s'est manifesté un nouveau courant d'idées plus favorable aux droits des époux. On a cité à ce sujet les lois sur les majorats, sur la propriété littéraire et artistique et sur les pensions civiles et militaires.

En premier lieu, le décret du 1er mars 1808 dispose (art. 48 et 49) que les veuves de titulaires de majorats, non remariées ou remariées avec permission du chef de l'État, ont droit à une pension qui doit être de la moitié du revenu si le majorat subsiste, et du tiers seulement en cas d'extinction et de translation hors de la famille.

Le décret du 5 février 1810 (art. 39) accorde à la veuve de l'auteur un droit viager sur les produits de l'œuvre de son mari ; les enfants ou autres héritiers ne viennent exercer leur droit qu'après la mort de la veuve. La loi du 14 juillet 1866 a porté à cinquante ans, à partir du décès de l'auteur, la durée des droits accordés aux héritiers des auteurs, compositeurs ou artistes. Pendant cette période de cinquante ans, le conjoint survivant, quel que soit le régime matrimonial, et indépendamment des droits qui peuvent résulter du régime de la communauté, a la jouissance des droits dont l'auteur prédécédé n'a pas disposé par acte entre vifs ou par testament (art. 1er).

Enfin, aux termes de la loi du 9 juin 1853 sur les pensions civiles, les veuves de fonctionnaires ou employés de l'État morts en jouissance d'une pension de retraite ou en possession de droits à cette pension, par l'expiration du temps de service exigé, ont elles-mêmes droit à une pension viagère (art. 13). Des dispositions analogues régissent les pensions militaires.

Ces diverses dispositions législatives nous tracent en quelque sorte la voie à suivre. Il importe de réparer l'injustice dont le Code civil a rendu victime le conjoint survivant ; de rendre à celui-ci la situation honorée à laquelle il a droit ; de le relever à ses propres yeux et aux yeux des héritiers de l'époux prédécédé ; de fortifier la base même de l'organisation de la famille et d'honorer le mariage en perpétuant, dans la mesure du possible, jusqu'au delà du tombeau, cette communauté d'intérêts, d'affections et d'assistance mutuelle qui est un des éléments les plus essentiels de l'union conjugale. Mais il faut, en même temps, prendre garde de manquer le but, de ne pas tenir un compte suffisant des objections des adversaires du projet, de prêter ainsi le flanc à des critiques fondées. Il faut s'entourer de toutes les lumières que peut fournir une étude attentive des faits, et recourir aux enseignements de l'économie politique.

Précisons notre pensée. Étant admis qu'il faut améliorer la condition du conjoint survivant, dans ses rapports avec les différentes classes d'héritiers avec lesquels il se trouvera en contact, quelle sera la nature du droit que la loi nouvelle devra lui conférer? Sera-ce un droit de propriété ou un simple droit d'usufruit? C'est cette question que nous voulons examiner, en nous aidant des lumières que pourra nous fournir l'analyse des phénomènes économiques.

Nous ne prétendons pas que ce point de vue ait été absolument négligé par les grands corps judiciaires ou les publicistes qui ont traité la question des droits du conjoint survivant[1], mais il ne nous semble pas que le sujet ait été épuisé, ni qu'on ait, pour le traiter à fond, fait une part suffisante à la science économique. C'est cette lacune que nous allons essayer de combler. D'ailleurs, les inconvénients de la constitution de droits d'usufruit *ab intestat* n'ont été, à ma connaissance du moins, mis en lumière jusqu'ici que par des adversaires déclarés de la proposition de M. Delsol. Peut-être ne sera-t-il pas sans utilité qu'un partisan zélé de la réforme proposée mette en garde tout ceux qui, sur le *principe*, sont d'accord avec lui, contre un danger qu'il est urgent de signaler, afin de ne pas compromettre le succès même du projet.

III.

La Cour de cassation, qui s'est, à notre grand regret, montrée contraire à toute modification de l'article 767 du Code civil, a formulé dans les termes suivants son appréciation sur les inconvénients que présenterait, au point de vue de la richesse générale, la constitution *ab intestat* d'un grand nombre d'usufruits :

Sans doute, la concession d'un simple droit viager d'usufruit, qui ne profiterait qu'à l'époux survivant et non à ses propres parents, ne heurterait pas de même le principe de la loi successorale, mais ce droit, généralisé par la loi, imposé comme une charge normale sur le patrimoine de chaque famille,

---

1. V. notamment l'article publié sur ce sujet par M. Thézard, notre savant collègue de la Faculté de droit de Poitiers, dans la *Revue critique de législation et de jurisprudence*, 1877, p. 389.

entraînerait aussi de graves inconvénients pratiques. Indépendamment des difficultés et des complications qu'il susciterait dans le règlement des successions, il frapperait d'un discrédit inévitable les biens qu'il grèverait, amoindrirait leur valeur, gênerait leur disponibilité et leur circulation. Qui ne sait qu'un bien soumis à un droit d'usufruit est déprécié bien au delà de l'importance de la charge qu'il supporte? Si, malgré son influence défavorable à l'administration des biens, l'usufruit, à l'état accidentel, ne peut produire un trouble économique sérieux, il est aisé de prévoir que, multiplié par la loi, s'étendant sur des biens, soit partagés, soit indivis, non-seulement entre des enfants, mais entre des lignes collatérales, ramifiées, souvent aux mains de personnes dont l'activité serait déjà ralentie par l'âge ou les infirmités, il affecterait gravement la fortune publique : ce serait en quelque sorte la création d'une nouvelle mainmorte.

La perturbation serait moindre lorsqu'il s'agirait de fortune mobilière : celle-ci se prête mieux à la jouissance, qui pourrait être légalement simplifiée au moyen d'une rente pécuniaire, mais qui, toutefois, laisserait encore subsister l'inconvénient de paralyser longtemps la valeur qui l'alimenterait.

Parmi les cours d'appel, nous avons dit déjà que huit d'entre elles, savoir : Aix, Bordeaux, Bourges, Limoges, Montpellier, Paris, Poitiers, Rennes, s'étaient montrées hostiles au principe même de la proposition de M. Delsol.

Quant aux autres, qui ont, au contraire, formulé une opinion favorable, toutes, sauf la cour d'Alger, se sont prononcées, non pour la concession d'une part en propriété à l'époux survivant, mais seulement pour une part en usufruit. « A quoi bon d'ailleurs, dit la cour de Nancy, si l'usufruit suffit aux besoins du conjoint survivant, y joindre une nue propriété qui ne profiterait qu'à des étrangers? »

La minorité de la cour de Paris, favorable au projet de modification que repoussait la majorité de ce corps, avait voulu répondre aux objections faites contre la trop grande multiplicité de droits d'usufruit établis par la loi elle-même :

Il est facile de parer à de pareilles appréciations en adoptant une disposition qui se trouve dans le Code civil italien. Elle donne aux tribunaux le pouvoir de cantonner l'usufruit du conjoint survivant sur des biens déterminés d'une valeur suffisante, ou d'y affecter une rente moyennant des sûretés particulières. L'intérêt des parties, sans attendre l'intervention des tribunaux, leur dictera, la plupart du temps, des règlements semblables. Tout naturellement ils s'imposeront dans les petites successions, où l'usufruit n'offrirait qu'un mince avantage. L'expérience a prononcé d'ailleurs à ce sujet dans les nombreux pays où a été admis le droit usufructuaire du conjoint survivant, spécialement en Angleterre. On ne peut que taxer d'exagération et d'erreur les craintes économiques que ce droit si juste ferait concevoir. L'économie politique n'a nullement à tenir ici en échec la justice.

La commission qui a examiné le projet voté ensuite par le Sénat paraît n'avoir pas tenu compte des objections présentées par la Cour de cassation, et semble avoir considéré comme suffisante la réponse qu'y avait faite la minorité de la cour de Paris. Elle a reconnu cependant « que la survenance d'un usufruit à la dissolution de chaque mariage pourrait avoir des conséquences économiques regrettables, du moins en ce qui concerne la fortune immobilière ». Aussi a-t-elle proposé une disposition qui se trouve déjà dans le Code civil italien, en vertu de laquelle les tribunaux pourront convertir l'usufruit du conjoint survivant en une pension[1] équivalente, avec des sûretés particulières[2].

Cette disposition est devenue le paragraphe 8 du projet voté par le Sénat et qui devrait, s'il était adopté, prendre la place de l'article 767 du Code civil. Ce paragraphe est ainsi conçu :

« L'usufruit de l'époux survivant pourra être converti en une rente viagère, sur la demande d'un ou de plusieurs héritiers du prédécédé, à la charge par eux de fournir des sûretés suffisantes. »

Ce n'est là, selon nous, qu'un palliatif. Les inconvénients signalés par la Cour de cassation, comme devant résulter d'une trop grande multiplicité des droits d'usufruit, sont extrêmement sérieux ; les craintes exprimées à ce sujet ne sont pas chimériques, comme le croit la minorité de la cour de Paris, et nous allons montrer qu'il y a là une question très-importante au point de vue du développement et de la conservation de la richesse générale.

IV.

Bien différent du droit de propriété, qui n'est pas une création de la loi, mais qui est antérieur et supérieur au droit positif, le droit d'usufruit n'a pour ainsi dire qu'une existence artificielle. C'est la première fois qu'on propose de l'établir, comme droit de succession *ab intestat*, dans de telles proportions et avec une telle généralité.

Nous n'avions jusqu'ici que deux cas dans lesquels la loi civile eût

---

1. Le texte du *Journal officiel* porte le mot *portion* ; nous supposons qu'il faut lire *pension*.

2. Rapport présenté au nom de la commission du Sénat, par M. Delsol. (*Journ. off.*, 4 mars 1877, p. 1665.)

créé une situation analogue. Le premier est réglé par l'article 754 du Code civil; quand le père ou la mère d'une personne décédée se trouve en concours avec des collatéraux de l'autre ligne, autres que des frères ou sœurs ou descendants d'eux, le père ou la mère a l'usufruit du tiers des biens auxquels il ne succède pas en propriété. Cela arrive assez rarement, et, le plus souvent, au profit de personnes âgées; l'usufruit légal n'offre pas ici de très-grands inconvénients.

D'autre part, aux termes de l'article 384, le père, durant le mariage, et, après la dissolution du mariage, le survivant des père et mère ont la jouissance des biens de leurs enfants jusqu'à l'âge de dix-huit ans accomplis ou jusqu'à l'émancipation, qui pourrait avoir lieu avant l'âge de dix-huit ans. On a remarqué avec raison [1] que ce droit de jouissance légale se distingue d'un véritable usufruit, par sa durée toujours assez courte et dont le maximum est certain, par les charges auxquelles elle est subordonnée; portant d'ailleurs sur les biens d'enfants mineurs, qui n'en pourraient jouir par eux-mêmes, sur des biens dont la loi ne permet que très-difficilement l'aliénation ou l'hypothèque, elle n'ajoute pas, à vrai dire, d'entraves à la propriété.

Il en serait tout autrement d'une loi qui établirait un droit d'usufruit au profit de tous les conjoints survivants sur les biens des conjoints prédécédés [2], et réunirait ainsi, à un moment donné, en la personne de presque tous les Français, la double qualité d'usufruitier et de nu propriétaire.

On sait quels rapports irritants s'établissent entre le nu propriétaire, qui a la propriété sans la jouissance, et l'usufruitier qui a la jouissance sans la propriété. Les bons effets qu'exerce le droit de propriété sur la moralité et l'esprit de famille, disparaissent presque complétement quand il s'agit d'un droit d'usufruit, qui interdit toute mesure d'administration un peu large, décourage toute pensée d'amélioration, pousse à la consommation destructive, à l'incurie, à la paresse. Là où le droit de propriété aurait fait un travailleur laborieux, l'usufruit fera un pensionnaire misérable.

La Cour de cassation, dans le passage que nous avons déjà cité, fait ressortir, avec beaucoup de sobriété et de force tout à la fois, les

---

1. M. Thézard, *loc. cit.*, p. 406.

2. Le conjoint aurait la propriété, aux termes du projet adopté par le Sénat, quand le défunt ne laisserait ni parents au degré successible, ni enfants naturels; mais ce cas est si rare, qu'on nous permettra de n'en pas tenir compte.

dangers d'une pareille situation. Un autre adversaire de la proposition de M. Delsol, M. Thézard, expose aussi sur ce point des considérations qu'il faut peser sérieusement : ·

Comment espérer, dit-il, la mise en valeur des propriétés dans un État où celui qui aurait les pensées d'avenir ne pourrait pas les réaliser, où celui qui pourrait les réaliser aurait intérêt à ne pas le faire? Comment échapper même à certaines pertes que produirait une exploitation dirigée pour faire produire au fonds tout ce qu'il peut donner, sans autre limite qu'un abus de jouissance assez caractérisé pour faire craindre la déchéance du droit? Dans les contrées où l'on cultive la vigne, un vignoble soumis à l'usufruit pendant de longues années est souvent un vignoble perdu. Pour convaincre l'usufruitier d'abus de jouissance, pour suivre les progrès de malversations latentes qui ont activé la production actuelle et compromis l'avenir, il faudrait remonter dans un passé lointain et se heurter à des causes de force majeure invoquées avec plus ou moins d'apparence.

Mais faisons, pour un moment, abstraction de ces inconvénients, de ces causes de dépérissement; supposons le droit d'usufruit établi, et voyons ce qu'on en pourra tirer. Si une succession comprend des meubles ou des immeubles pour une valeur de cent mille francs, que différents héritiers se la partagent en toute propriété, les uns auront plus et les autres moins; mais les uns et les autres auront du moins la même espèce de droit : d'un côté, je suppose, il y aura pour vingt-cinq mille francs de valeurs, et de l'autre pour soixante-quinze mille francs. Il y aura, d'un côté comme de l'autre, transmission d'un capital, sauf la différence des chiffres : le petit capital pourra être consacré à la production tout comme le plus considérable. Mais constituons, sur cette même valeur de cent mille francs, non plus deux droits identiques au fond, mais au contraire de nature différente : l'un des héritiers aura la nue propriété; l'autre l'usufruit. Alors, au lieu de la situation nette, précise, déterminée que nous avions tout à l'heure, nous trouvons une situation obscure, embarrassée, incertaine.

· Quelle valeur peut-on attribuer au droit d'usufruit? Nul ne le sait. Et à la nue propriété? Pas davantage. En effet, on ignore combien de temps durera l'usufruit, parce qu'on ignore combien de temps vivra l'usufruitier. S'il arrive à un âge avancé, il aura recueilli des avantages considérables; s'il meurt au bout d'un temps assez court, ce sera le contraire. La valeur de la nue propriété subira, mais en sens inverse, la même alternative. Et dans quelle proportion peut ainsi varier la valeur d'une nue propriété? Si nous prenons le taux d'intérêt de

5 p. 100, nous trouvons qu'un capital de 100,000 fr., payable dans 14 ans, ne vaut actuellement que 50,500 fr. ; dans 25 ans, 29,500 fr. ; dans 30 ans, 23,100 fr. ; dans 40 ans, 14;200 fr. ; dans 50 ans, 8,700 fr.

Ainsi, la nue propriété peut avoir une valeur presque égale à la propriété pleine, quand l'usufruit s'éteint promptement; elle peut, au contraire, si l'usufruit dure cinquante ans, ne pas valoir le dixième de la valeur totale soumise au droit de l'usufruitier.

Bien plus, on ne saura jamais *à l'avance* quelle sera cette valeur; on ne le saura que le jour où il ne sera plus possible d'utiliser le renseignement. Dès lors, ni l'usufruitier, ni le nu propriétaire, ne pourront plus faire de la valeur soumise à leur double droit l'usage moyennant lequel elle pourrait contribuer au développement de la richesse générale. Rien, au contraire, ne ferait obstacle à cet usage si, au lieu de droits dont la valeur est incertaine, la loi attribuait à l'un, en toute propriété, les trois quarts ou les cinq sixièmes, et à l'autre le quart ou le sixième restant.

Ce n'est pas seulement aux héritiers en présence qu'un tel système porte dommage, mais encore à la société tout entière. Et, qu'on veuille bien le remarquer, nous défendons ici, non pas la cause du conjoint survivant, que nous considérons comme gagnée, mais seulement l'intérêt général et supérieur de la bonne distribution de la richesse et de son utilisation le plus efficace pour l'accroissement de la prospérité publique.

La multiplication indéfinie du nombre des usufruits constituerait une véritable calamité pour l'agriculture, l'industrie et le commerce. D'abord, quant aux immeubles, on supprime aussitôt le grand mobile de la production durable et des améliorations possibles : au lieu de cet amour passionné de la terre, qui caractérise le paysan français et qui, au milieu des chimères et des utopies qui hantent le cerveau des classes industrielles, en fait le plus ferme soutien de l'ordre social, on aura un homme âpre au gain, qui considérera d'un œil d'envie et parfois de haine ce nu propriétaire, dépouillé actuellement, mais destiné à le remplacer un jour; qui épuisera le sol ; qui, pour le moindre profit actuel, causera sans scrupule un dommage éloigné et souvent irréparable. On aura mis ainsi — sans le vouloir et sans le savoir — l'agriculture française au niveau de ces fils de famille prodigues qui « mangent leur blé en herbe » ; mais, à la différence de ceux-ci, il ne sera même pas possible de lui donner un conseil judiciaire!

Quant à l'industrie et au commerce, nous pensons qu'ils pourront, moins encore que l'agriculture, supporter le régime d'un droit viager substitué à la propriété pleine. Comme le capital circulant ne donne de revenu qu'en changeant de possesseur ou de forme, il en résulte que la condition essentielle de son existence c'est la disponibilité ; or, dans l'usufruit, la disponibilité n'existe pas : donc on se trouvera placé dans l'impossibilité de retirer du capital circulant les bénéfices qui doivent, en même temps, rémunérer le capital fixe.

Dira-t-on qu'on pourra obtenir, moyennant caution, le droit de disposer librement des valeurs soumises à l'usufruit? Mais où trouvera-t-on des cautions disposées à garantir que l'usufruitier fera de bonnes affaires? Est-ce possible? Est-ce pratique? Et va-t-on voir, comme on l'a dit avec raison, là moitié des Français cautionner l'autre moitié? C'est donc pour le capital circulant que l'usufruit sera mortel. On n'aura pas là seulement une diminution, mais bien une dénaturation. Une comparaison fera bien comprendre notre pensée : Le capital féconde le travail comme l'eau féconde la terre. Que pourrait l'ouvrier sans l'outil qui lui permet d'attaquer le bois, la pierre, le fer? que ferait l'ouvrier dans un champ sans la charrue ou la bêche? Comment transporterions-nous les lourds fardeaux, les matières encombrantes, sans les voitures, les bateaux ou les wagons? De même, comment les plantes tireraient-elles du sol et de l'air les éléments de leurs tissus sans l'intervention de l'eau?

Eh bien! séparer un capital en deux parties, le diviser en nue propriété et en usufruit, c'est comme si nous décomposions l'eau en ses deux éléments : hydrogène et oxygène. Une petite quantité d'eau fécondera aussi bien la terre, toute proportion gardée, qu'une plus grande ; mais l'eau transformée en hydrogène et en oxygène ne fécondera plus rien du tout. De même, un capital n'a pas besoin d'être considérable pour servir d'auxiliaire au travail; mais si, au lieu de lui laisser sa nature de capital, nous le décomposons en nue propriété et usufruit, il perd toutes ses qualités. Il devient alors impropre à la production des richesses, et n'est plus guère susceptible que d'alimenter, au grand détriment de la prospérité publique, le fonds de nos consommations personnelles.

Les partisans les plus décidés du droit d'usufruit à accorder au conjoint survivant, n'ont pu méconnaître les inconvénients attachés à ce système. Mais ils ont proposé, sinon pour les faire disparaître, au moins pour les atténuer dans une large mesure, certaines précautions qu'il faut examiner.

Ainsi, la loi autoriserait, par exemple, les héritiers légitimes à transformer, quand bon leur semblerait, le droit d'usufruit du conjoint survivant en un revenu viager de même importance. Ce revenu pourrait être constitué soit en un placement à fonds perdu, soit « par l'achat d'une rente sur l'État, qui serait immatriculée pour la nue propriété au nom des héritiers et pour les arrérages au nom du conjoint survivant, soit, enfin, par la constitution d'une rente viagère sur des institutions garanties par l'État [1] » (par exemple, la Caisse de retraites pour la vieillesse, créée par la loi du 18 juin 1850).

Nous craignons qu'en proposant ces palliatifs, on ne se soit laissé égarer par deux erreurs économiques. On a, ce nous semble, confondu le capital avec le numéraire, et ensuite, quant à la rente sur l'État, on a également confondu le point de vue individuel et le point de vue social.

D'abord, il est clair qu'on a confondu le numéraire avec le capital quand on a dit : « La dette publique, il est vrai, représente un ensem-
« ble de consommations presque entièrement improductives, mais
« tout placement en rentes sur l'État, *en même temps qu'il enlève à la*
« *production un capital, lui en rend un autre de valeur égale,* de telle
« sorte que, on peut le dire, le mal ici porte avec lui son remède [2]. » Il est évident que la pensée ainsi exprimée implique le raisonnement suivant : On vend un capital et on en retire 75,000 fr., avec lesquels on achète 3,000 fr. de rente 3 p. 100 ; comme ces 3,000 fr. de rente existaient auparavant, celui qui les a aliénés touche le prix de 75,000 fr., et il y a balance complète. Ce raisonnement serait juste s'il s'agissait, *dans les deux cas,* d'une même somme de numéraire, et encore faudrait-il que l'une et l'autre fussent employées à la production. Mais ce n'est pas là l'hypothèse posée par nous. Cette hypothèse la voici :

Les biens du conjoint prédécédé — agriculteur, industriel, commerçant — comprenaient, entre autres, pour 75,000 fr. de capitaux : c'étaient, par exemple, des fourrages, des fumiers, du bétail, des machines, des voitures ; c'était une usine avec tout son outillage, ses matières premières, ses produits en magasin ; c'était un fonds de com-

---

1. Rapport présenté au nom de la Faculté de droit de Nancy, par M. Chobert, p. 24.
2. *Eod. loc.,* p. 24.

merce avec tout son approvisionnement. Tout cela était, consacré à la production agricole, industrielle ou commerciale; tout cela alimentait le travail et augmentait la masse des produits mis à la disposition du pays. Au lieu de laisser se continuer cette production, vous l'arrêtez; vous faites tout vendre et, avec le produit, vous achetez une rente sur l'État de 3,000 fr. Il ne pourrait alors y avoir compensation que si, en même temps que vous retirez 75,000 fr. au fonds du capital de la nation, le vendeur de la rente lui restituait cette valeur en même nature, c'est-à-dire ajoutait des capitaux jusqu'à due concurrence à ceux qu'il possédait déjà. Mais rien n'est moins certain, et bien souvent le rentier n'aura vendu ses 3,000 fr. de rente que pour en faire une consommation improductive : il se livrera à des dépenses de luxe ou de pur agrément qui, une fois faites, ne laisseront aucun équivalent dans l'actif social. On aura ainsi détruit d'un côté, sans être certain qu'on édifiera de l'autre.

Mais abandonnons maintenant le point de vue individuel, pour revenir au point de vue social. Est-il sage, est-il utile, est-il conforme à l'intérêt national de créer, par la loi — en dehors des libres déterminations des particuliers — un courant tendant à appauvrir la masse des capitaux productifs du pays, au profit de cette fausse richesse — source de faiblesse et non de prospérité — qui a nom la dette publique, et qui a pris, de nos jours, un si fâcheux accroissement?

Ne serait-ce pas confondre la richesse des particuliers et la richesse de la nation? Sans doute, en général, on peut dire que la richesse nationale se compose de la richesse des individus. Cependant, cela n'est pas vrai dans tous les cas.

Ainsi, si nous considérons une personne privée, nous pourrons bien dire que cette personne a une grande fortune, parce qu'elle possède des titres de rente sur l'État, des créances hypothécaires, des actions, des obligations de chemins de fer. Mais nous tomberions dans une erreur complète si, voulant faire l'inventaire de la fortune du pays, nous comptions comme valeur active le montant de la dette publique. Nous n'en devons tenir aucun compte.

Qu'est-ce, en effet, qu'un titre de 3,000 fr. de rente sur l'État? Ce n'est, au point de vue général, ni une richesse, ni *à fortiori* un capital : c'est un titre représentant des consommations presque entièrement destructives, — guerres, révolutions, invasions, — et une assignation sur les produits à venir de l'impôt. Les 750 ou 800 millions de rente que paie aujourd'hui la France peuvent faire beaucoup de particuliers riches, mais la France en est moins riche d'autant que si elle n'avait point à en charger son budget.

De même pour les créances hypothécaires. Si nous voulons faire le total de la richesse du pays, nous ne compterons pas, *à la fois*, et l'immeuble d'une valeur de 100,000 fr. et la dette de 50,000 fr. dont il est grevé : la valeur du titre que possède ici le créancier est évidemment à déduire de la valeur du gage resté dans la main du propriétaire de l'immeuble.

Enfin, si nous avons consacré dix milliards à la construction de nos chemins de fer, nous n'ajouterons pas non plus à la valeur de ce merveilleux instrument de travail et de progrès, la masse des actions et des obligations qui représentent les sommes consacrées à la construction de notre réseau. Évidemment il y aurait là double emploi.

Donc, il n'est pas indifférent de produire, par une disposition formelle de la loi, un déplacement de la richesse tel que, chaque année, une masse considérable de valeurs soit enlevée au fonds des capitaux productifs du pays, et transformée en rentes sur l'État ou en placements viagers et à fonds perdu. Ce serait non-seulement mal servir les intérêts du conjoint survivant, mais encore porter une grave atteinte aux éléments de diverse nature dont se compose la richesse nationale.

V.

Nous pouvons maintenant conclure.

L'établissement, par la loi, d'un droit de succession *ab intestat, en usufruit,* au profit du conjoint survivant :

Détruira périodiquement ou tendra à stériliser les capitaux existants ;

Affaiblira l'idée d'épargne, en poussant l'usufruitier vers les consommations improductives, et l'éloignera de toute pensée d'amélioration ;

Frappera au cœur la production nationale tout entière, en la rendant plus difficile et plus coûteuse ;

Préparera l'abaissement progressif de l'agriculture, de l'industrie et du commerce ;

Ajoutera une cause nouvelle et toute-puissante aux causes de morcellement excessif et d'émiettement de la propriété résultant déjà de l'article 832 du Code civil, sur le partage forcé ;

Créera une nouvelle mainmorte, et reproduira sur une échelle immense[1] tous les inconvénients des anciennes substitutions, prohibées avec tant de raison et de vigueur par la législation moderne.

Une telle loi — si elle devait être appliquée durant une longue suite d'années — affaiblirait, jusqu'à l'énerver, le grand ressort de la production : je veux dire *l'intérêt qui pousse le propriétaire incommutable à réaliser toutes sortes d'améliorations, parce* QU'IL SAIT QUE LUI ET LES SIENS EN PROFITERONT. Notre conviction sur ce point est si profonde que — partisan très-décidé, en principe, de la proposition de M. Delsol — nous n'hésiterions pas à la repousser si l'on maintenait les cas nombreux dans lesquels le conjoint n'aura qu'un droit d'usufruit. Mais nous aimons mieux penser que le législateur reconnaîtra à temps l'erreur dans laquelle il est sur le point de tomber. La justice commande d'améliorer la position du conjoint survivant, aujourd'hui sacrifié même aux parents du douzième degré ; il faut donc lui donner, non une part en usufruit, mais une part en propriété, graduée comme on le voudra.

Et, si l'on était tenté de considérer comme chimériques les craintes que nous avons exprimées, je demanderais pourquoi l'Italie, l'Autriche et la Prusse ont préféré la propriété à l'usufruit ? Le grand argument invoqué par les partisans de la thèse que nous combattons, est l'intérêt de la conservation des biens dans les familles ; je ne sache pas cependant que les nations que je viens de citer — les deux dernières surtout — passent pour sacrifier cet intérêt, et pourtant elles ne l'ont pas mis en balance un instant avec le respect du principe de la propriété pleine, entière, incommutable, dégagée des entraves mortelles de l'usufruit.

Dans le royaume d'Italie, l'époux a un tiers EN PROPRIÉTÉ, lorsqu'il se trouve en face d'ascendants ou d'enfants naturels. Il a LA TOTALITÉ, si les collatéraux sont au delà du sixième degré ;

En Autriche, s'il y a des enfants, le conjoint survivant a l'usufruit d'une part d'enfant ; mais, s'il n'en existe pas, il a droit à un quart EN PLEINE PROPRIÉTÉ ;

En Prusse, il a droit au quart EN PLEINE PROPRIÉTÉ, s'il existe des enfants ; au tiers, s'il n'existe que des ascendants ou des frères et sœurs ; à la moitié, plus les meubles meublants, si ce sont des collatéraux plus éloignés.

C'est ce dernier système qui nous paraît préférable. Seul, en effet, il a ce double avantage : d'abord, de ne créer jamais les rapports irritants

---

1. Il y a en France plus d'un million de décès par an. Combien d'usufruits en résultera-t-il ?

qui s'établissent nécessairement entre le nu propriétaire et l'usufruitier, et ensuite de ne pas constituer un nombre immense de droits d'usufruit, de nature — nous croyons l'avoir démontré — à mettre en péril le développement et la conservation de la richesse du pays[1].

---

1. La constitution d'un grand nombre de droits d'usufruit *ab intestat* aurait encore beaucoup d'inconvénients au point de vue des droits d'enregistrement.

On sait, en effet, que, pour l'application des droits de mutation par décès, le fisc perçoit un double droit, chaque fois que la propriété est transmise grevée d'un usufruit : le nu propriétaire paie le droit entier sur la valeur, non de la nue propriété, mais bien de la propriété pleine, absolument comme si l'usufruit n'existait pas; et d'autre part, l'usufruitier doit, de son côté, acquitter un droit de mutation calculé : 1° s'il s'agit de *meubles*, sur la moitié de la valeur entière de l'objet; 2° s'il s'agit d'immeubles, d'après une évaluation portée à *dix fois le produit des biens ou le prix des baux courants.., sans distraction des charges* (Loi du 22 frim. an VII, art. 14, n° 11, et art. 15, n° 8). S'il s'agit d'immeubles ruraux, l'évaluation de l'usufruit s'élève même à douze fois et demie le revenu, aux termes de l'article 2 de la loi du 21 juin 1875.

Il suit de là que la constitution de droits d'usufruit *ab intestat* aurait pour résultat d'augmenter considérablement les droits de mutation par décès, pour toute la portion de succession qui serait soumise à l'usufruit de l'époux survivant. Or, ces droits sont déjà extrêmement lourds, au moins pour toutes les successions collatérales. Il ne serait pas juste de les accroître encore.

Nous ferons enfin une dernière observation. Même dans le cas où la proposition de M. Delsol serait votée par la Chambre des députés, telle qu'elle a été amendée par le Sénat, il y aurait lieu de ne pas laisser l'époux survivant soumis au droit de 9 p. 100 (soit 11,25 p. 100, y compris les deux décimes et demi) auquel il est actuellement assujetti. Ce taux excessif peut, jusqu'à un certain point, se justifier tant que le Code civil ne fait venir le conjoint à la succession du prémourant qu'à défaut de tous parents légitimes, même au douzième degré. C'est, en effet, un droit identique de 9 p. 100 qu'ont à payer ces derniers, quand ils recueillent la succession.

Mais la loi nouvelle, si elle était adoptée, devrait nécessairement placer le conjoint survivant dans un rang plus favorable, entraînant dès lors un droit moins élevé (par exemple 4,5 p. 100, comme pour les transmissions *ab intestat* entre frères et sœurs, oncles et tantes, neveux et nièces).

Autrement, si nous supposons le conjoint survivant en présence de frères ou sœurs, le fisc aurait à percevoir :

1° Sur la succession entière, sans déduction du droit d'usufruit.   6,50 p. 100.

2° Sur l'usufruit de la moitié de la succession, 9 p. 100, correspondant pour la succession entière à   4,50   —

        11,00 p. 100.

    En y ajoutant 2 décimes 1/2   2,75   —

On trouve que l'État prendrait . . . .   13,75 p. 100.

S'il s'agissait de parents au delà du quatrième degré, venant en concours avec l'époux, on arriverait au chiffre de 16 fr. 88 p. 100, que l'État prélèverait immédiatement sur la succession. Un tel résultat est inadmissible.

Il nous semble qu'il y a là encore une considération qui recommande à l'attention du législateur le système consistant à préférer des parts en propriété aux parts en usufruit.